GESTÃO NO SÉCULO XXII

Editora Appris Ltda.
1.ª Edição - Copyright© 2024 do autor
Direitos de Edição Reservados à Editora Appris Ltda.

Nenhuma parte desta obra poderá ser utilizada indevidamente, sem estar de acordo com a Lei nº 9.610/98. Se incorreções forem encontradas, serão de exclusiva responsabilidade de seus organizadores. Foi realizado o Depósito Legal na Fundação Biblioteca Nacional, de acordo com as Leis nᵒˢ 10.994, de 14/12/2004, e 12.192, de 14/01/2010.

Catalogação na Fonte
Elaborado por: Josefina A. S. Guedes
Bibliotecária CRB 9/870

O482g 2024	Oliveira, Felipe Guimarães
	    Gestão no século XXII / Felipe Guimarães Oliveira. – 1. ed. – Curitiba: Appris, 2024.
	    71 p. ; 21 cm.
	
	    Inclui referências.
	    ISBN 978-65-250-6076-7
	
	    1. Administração de empresas. 2. Negócios. 3. Metodologia. 4. Pessoas. 5. Processos. 6. Inovações tecnologias. I. Título.
	
	    CDD – 658.4

Editora e Livraria Appris Ltda.
Av. Manoel Ribas, 2265 – Mercês
Curitiba/PR – CEP: 80810-002
Tel. (41) 3156 - 4731
www.editoraappris.com.br

Printed in Brazil
Impresso no Brasil

Felipe Guimarães Oliveira

GESTÃO NO SÉCULO XXII

FICHA TÉCNICA

EDITORIAL	Augusto Coelho
	Sara C. de Andrade Coelho
COMITÊ EDITORIAL	Ana El Achkar (UNIVERSO/RJ)
	Andréa Barbosa Gouveia (UFPR)
	Conrado Moreira Mendes (PUC-MG)
	Eliete Correia dos Santos (UEPB)
	Fabiano Santos (UERJ/IESP)
	Francinete Fernandes de Sousa (UEPB)
	Francisco Carlos Duarte (PUCPR)
	Francisco de Assis (Fiam-Faam, SP, Brasil)
	Jacques de Lima Ferreira (UP)
	Juliana Reichert Assunção Tonelli (UEL)
	Maria Aparecida Barbosa (USP)
	Maria Helena Zamora (PUC-Rio)
	Maria Margarida de Andrade (Umack)
	Marilda Aparecida Behrens (PUCPR)
	Marli Caetano
	Roque Ismael da Costa Güllich (UFFS)
	Toni Reis (UFPR)
	Valdomiro de Oliveira (UFPR)
	Valério Brusamolin (IFPR)
SUPERVISOR DA PRODUÇÃO	Renata Cristina Lopes Miccelli
PRODUÇÃO EDITORIAL	William Rodrigues
REVISÃO	José A. Ramos Junior
DIAGRAMAÇÃO	Renata Cristina Lopes Miccelli
CAPA	Mateus de Andrade Porfírio
REVISÃO DE PROVA	Jibril Keddeh

Para os líderes visionários do presente e do futuro, que buscam a sabedoria para navegar na complexidade do século XXII. Este livro é dedicado a vocês, que têm a coragem de olhar além do horizonte e a determinação para moldar o futuro. Como disse Peter Drucker, "a melhor maneira de prever o futuro é criá-lo".

É bem provável que no momento desta leitura, a depender do ano, já estejamos com nossas lentes de contato com realidade mista, capazes de ler as pessoas e indicar a melhor forma de abordá-las ou até de conduzir uma conversa, apoiando as decisões. O que nos diferenciará nesse momento serão as capacidades puramente humanas e não mais as tecnológicas.

À minha amada esposa, Mariela, cujo amor e apoio têm sido minha âncora em todas as tempestades. Você é a luz que ilumina o meu caminho.

Ao meu filho Lorenzo, a promessa do amanhã. Que este livro sirva como um farol para você, enquanto se prepara para assumir o manto da liderança no século que está por vir.

Que as lições contidas neste livro inspirem todos nós a abraçar a mudança, a aprender com o passado, a viver o presente e a construir o futuro.

AGRADECIMENTOS

Agradeço profundamente a todos que contribuíram para a realização deste livro.

Aos líderes e gestores que compartilharam suas experiências e *insights*, vocês foram a inspiração para este trabalho. Como disse Jim Rohn, "o sucesso não é algo que você persegue. É algo que você atrai ao se tornar uma pessoa atraente".

Aos meus colegas e mentores, agradeço por me desafiarem e me apoiarem em minha jornada. Vocês me ensinaram que, nas palavras de Simon Sinek, "os líderes não são responsáveis pelos resultados. Os líderes são responsáveis pelas pessoas que são responsáveis pelos resultados".

Aos meus leitores, agradeço por sua curiosidade e compromisso com a aprendizagem contínua. Espero que este livro ofereça a vocês novas perspectivas e ferramentas para navegar na gestão do século XXII.

E, finalmente, agradeço à minha esposa e ao meu filho pelo amor e acolhimento mais gostoso do mundo, aos meus pais e irmã que são meus eternos pilares, a toda minha imensa família, cujo amor e apoio têm sido minha força motriz. Vocês todos são a razão pela qual eu me esforço para fazer a diferença.

APRESENTAÇÃO

Em um mundo cada vez mais acelerado e complexo, a gestão eficaz tornou-se a pedra angular do sucesso. *Gestão no século XXII* é um farol nesse mar tempestuoso, oferecendo orientação e sabedoria para navegar pelas águas turbulentas da modernidade.

Este livro é uma exploração das melhores práticas de gestão, abordando desde a implementação de tecnologias emergentes, como inteligência artificial, metaverso e *blockchain*, até a gestão humanizada de pessoas. Como disse Peter Drucker, o pai da administração moderna, "a gestão é fazer as coisas direito; liderança é fazer as coisas certas". Aqui, nós nos esforçamos para fazer ambas.

A partir de uma abordagem holística, este livro oferece uma visão de como planejar estrategicamente e implementar metodologias ou técnicas de gestão eficazes. Cada capítulo é um convite para embarcar em uma jornada de aprendizado e descoberta, com o objetivo de equipar você com as ferramentas necessárias para prosperar na era digital.

Gestão no século XXII não é apenas um livro, é um mapa para o futuro, um guia para a nova fronteira da gestão. Como disse o famoso escritor Antoine de Saint-Exupéry, "o futuro não é algo que se espera, é algo que se constrói". Convidamos você a se juntar a nós nesta jornada para construir um futuro melhor.

Este livro é mais do que palavras na página; é um imã que atrai a curiosidade e o interesse, incentivando o leitor a mergulhar mais fundo e explorar novas perspectivas. Cada página é uma promessa de conhecimento e insight, uma oportunidade para expandir sua compreensão e aprimorar suas habilidades de gestão.

Então, convidamos você a abrir este livro e embarcar nesta jornada conosco. A gestão do século XXII aguarda.

SUMÁRIO

PRÓLOGO 13

1
INOVAR..17

2
PROCESSOS...29

3
PESSOAS 40

4
A ERA DA LIDERANÇA HUMANIZADA...49

5
CONEXÕES HUMANAS E TECNOLOGIA NO MUNDO DOS NEGÓCIOS 55

REFERÊNCIAS..70

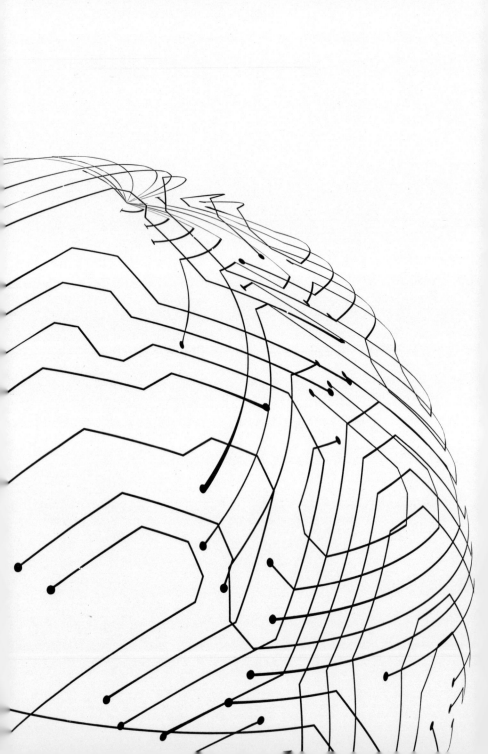

PRÓLOGO

A melhor forma de prever o futuro é criá-lo.
(Peter F. Drucker)

Quando um grande amigo olhou dentro dos meus olhos e perguntou:

— Felipe, o que você faz?

Ele queria que eu respondesse com aquele pitch de elevador que todos devemos ter na ponta da língua, mas eu travei. Após muito pensar, respondi da forma mais genérica possível:

— Eu atuo com tecnologia, inovação e processos.

Não era suficiente. Não é isso o que me move, nem é essa a essência do meu trabalho. Eu voltei para casa decidido a encontrar o que me faz levantar todos os dias pela manhã e, além das ferramentas, tecnologias e estratégias que crio, descubro e aprimoro, onde está o real valor do que eu faço.

Depois de algum tempo, foi enquanto eu dirigia que a resposta surgiu como um clarão em minha mente.

— Eu trago a paixão do negócio de volta ao olhar do dono.

Essa é a principal responsabilidade de qualquer gestor ou aspirante a gestor que queira (ou precise) se adaptar ao que chamo aqui de gestão do século XXII.

E não, antes que você feche este livro achando se tratar de mais um tratado sobre a respeito da importância de "vestir a camisa da empresa" e desenvolver o chamado "sentimento de dono" por algo que não é seu, fique ciente de que os avanços tecnológicos e gerenciais vão exigir muito mais do que isso.

O futuro nos reserva um cenário em que as empresas serão realmente formadas por donos. Não de forma figurativa, mas literal, com direito a participação nos lucros, nas perdas e na gestão estratégica do negócio. Cabe a nós, gestores de hoje, unirmos e adaptarmos a tríade *pessoas, processos e tecnologia* a essa nova forma de como as organizações são gerenciadas.

Nós já sabemos que a utilização das novas tecnologias se tornou um elemento central na gestão empresarial. Desde a inteligência artificial e a automação até a realidade virtual e a Internet das Coisas, as organizações precisam compreender e aproveitar plenamente o potencial dessas ferramentas para alcançar vantagens competitivas. Mas como? Como tangibilizar todas as habilidades e o repertório que colocamos em nossos currículos? Dizemos ser especialistas em metaverso, ter conhecimento avançado em IA e domínio em blockchain, mas como transformar todo esse arcabouço de conhecimento em aplicabilidade quando o assunto é gestão de empresas?

O meu objetivo com este livro não é fornecer um manual de instruções sobre como utilizar essas ferramentas. Afinal, a depender de quanto tempo após o lançamento você está lendo, é possível que as inovações tecnológicas citadas aqui já estejam ultrapassadas e a bola da vez seja algo que ainda nem somos capazes de imaginar. Por isso, o mais importante são os fundamentos. Eles não mudam, apenas se adaptam às novas realidades. Agora, precisamos adaptar os fundamentos da gestão empresarial ao cenário que chegou definitivamente para ficar. Chegamos ao ponto em que a mudança é a única coisa que não muda. Os mercados, o ambiente corporativo e a relação entre os stakeholders está sendo e, a partir de agora, jamais deixará de ser impactada por uma avalanche de inovações, transformações e revoluções.

Os conceitos clássicos de administração, como planejamento estratégico, gestão de pessoas, criação e estabelecimento de processos, liderança e cultura empresarial precisam ser revisitados de acordo com um mundo que se transforma a cada segundo. Esses fundamentos são a base sólida sobre a qual empresas são erguidas há séculos, assim como acontece durante a restauração de um patrimônio histórico, em que é preciso preservar cuidadosamente a essência ao mesmo tempo que se faz necessário adaptá-lo às necessidades e demandas do presente e do futuro.

Adaptar os fundamentos às inovações tecnológicas implica compreender como as novas tecnologias podem ser aplicadas para melhorar a eficiência, a produtividade e a tomada de decisões nas organizações. Isso envolve integrar a inteligência artificial, a automação, a análise de dados e outras ferramentas nas práticas de gestão estabelecidas, mantendo a essência dos princípios de administração que se mostraram eficazes ao longo do tempo.

Nós até mergulharemos nas inovações tecnológicas que estão redefinindo a maneira como as empresas operam, mas sempre com base nos pilares das pessoas e dos processos.

Investigaremos como as empresas podem integrar as tecnologias em seus processos de gestão, permitindo tomadas de decisão mais rápidas, eficientes e informadas. Exploraremos como os líderes devem garantir um equilíbrio entre a tecnologia e o aspecto humano, incentivando uma cultura que valorize habilidades únicas, criatividade, colaboração e a liberdade para se falar bobagens — vocês ficarão surpresos com como uma equipe que se sente livre para falar abobrinhas e errar pode se tornar uma poderosa máquina de inovação.

Nesse sentido, analisaremos as estratégias e as abordagens que os líderes devem adotar para promover a inovação contínua dentro de suas empresas. Discutiremos como criar um ambiente que encoraje o pensamento criativo, a experimentação e a busca por soluções disruptivas.

É a chamada cultura do erro. Na gestão do século XXII, as organizações bem-sucedidas não temem o fracasso, mas veem as falhas, os equívocos e as ideias supostamente sem pé nem cabeça como oportunidades de aprendizado, crescimento e adaptabilidade.

Ao dominar essa intersecção entre os princípios da administração e as inovações tecnológicas, você estará preparado para enfrentar os desafios do mundo empresarial. Esse universo não para de mudar e lhe apresenta uma única certeza: ou você inova e renova, ou renovarão você.

1

INOVAR

: Midjourney

A inovação é o novo inglês.

Isso significa que as empresas não mais veem a capacidade de inovar como um diferencial, e sim como uma obrigatoriedade. Assim como o inglês se tornou uma habilidade essencial para a comunicação global e a expansão de negócios, a capacidade de inovar é fundamental para enfrentar os desafios do mercado em constante evolução.

A inovação deixou de ser apenas um luxo ou uma vantagem competitiva adicional. Agora, é uma necessidade para as empresas se adaptarem às rápidas mudanças tecnológicas, às expectativas dos consumidores e aos avanços da concorrência. As empresas que não acompanham o ritmo da inovação ficarão para trás e se tornarão obsoletas, assim como os profissionais que as compõem.

Mas o que, afinal, é inovação?

Tendemos a pensar que inovar significa somente criar produtos, estratégias, ferramentas e processos completamente revolucionários. A inovação vai além disso, envolvendo também a capacidade de repensar e melhorar o que já existe, encontrar soluções mais eficientes e adaptar-se às necessidades que mudam o tempo todo.

A inovação pode ser incremental, ou seja, pequenas melhorias graduais em produtos ou processos existentes. Essas melhorias contínuas são essenciais para aperfeiçoar a qualidade, a eficiência e a experiência do cliente. Às vezes, uma pequena alteração em um processo ou a adição de uma nova funcionalidade em um produto geram resultados que, enquanto estamos fechados em nossa bolha de busca pela revolução, nem conseguimos imaginar.

É claro que a inovação também pode ser disruptiva, introduzindo algo completamente novo que desafia as normas e cria mercados ou transforma setores inteiros. Essa forma de inovação geralmente é associada a ideias visionárias e transformadoras que causam um impacto profundo na sociedade, mas ela é a exceção, e não a regra.

A inovação não é exclusiva de grandes empresas ou de pessoas com habilidades técnicas avançadas. Ela pode ocorrer em qualquer nível e em qualquer área de uma organização. Inovação está relacionada a uma mentalidade aberta para novas ideias, à experimentação, ao aprendizado contínuo e à disposição de assumir riscos calculados.

Inovar não se limita apenas aos departamentos de pesquisa e desenvolvimento. As empresas estão (ou pelo menos deveriam estar) incentivando a inovação em todos os níveis, promovendo um ambiente que encoraja a criatividade, o pensamento disruptivo e a colaboração.

A inovação é um esforço coletivo, em que cada membro da equipe deve contribuir com suas perspectivas únicas e conhecimentos específicos, mas também uma reflexão individual, pois ela começa quando paramos para pensar sobre o que nós mesmos estamos fazendo. Quando analisamos cada um dos nossos passos na rotina de trabalho, estamos deixando o espírito da inovação tomar conta e cada movimento, seja corporal e mental, passa por um processo de estudo, ajustes e otimização.

O que fazemos assim que nos sentamos e ligamos o computador? O que surge em nossa tela de imediato? Qual é a nossa primeira tarefa do dia? Há algo ou alguém dizendo o que devemos fazer ou já sabemos de antemão nossas obrigações e tarefas? Abrimos alguma planilha ou ferramenta? Se sim, como ela pode ser melhorada para que cumpra o seu objetivo com mais eficiência em menos tempo? Será que não há no mercado alguma tecnologia capaz de facilitar, agilizar e melhorar essa minha tarefa inicial? Aposto que sim. E a segunda tarefa do dia? Como podemos aprimorá-la? E a terceira? E a quarta?

E assim, pouco a pouco, vamos analisando a nossa rotina e colocando em prática os pequenos atos de inovação que hoje são capazes de formar carreiras brilhantes.

No entanto, apesar de a inovação ser uma qualidade individual, é papel das empresas montar uma estrutura e um cenário ideal para que o espírito inovador aflore em seus colaboradores. E aqui, entre tantas coisas, estou falando também sobre a criação de um comitê de inovação.

É essencial que as organizações tenham um comitê de inovação, isto é, um setor dedicado à busca, ao desenvolvimento e à aplicação de novas tecnologias, processos de melhoria ou serviços; mas na gestão do século XXII isso não é suficiente. É preciso um comitê do qual participem não apenas a equipe de TI ou seja lá qual for a nomenclatura utilizada, mas os times de recursos humanos, marketing, finanças, jurídico, administrativo, vendas, operações e todos os outros. É necessária uma composição multidisciplinar capaz de trazer perspectivas diversas e conhecimentos especializados, o que não inclui apenas a especialidade técnica, mas também a característica comportamental de cada indivíduo. Novas ideias surgirão desse time e formarão o funil de ideias, atrelado à tese da empresa.

Tendemos a achar que a inovação é feita pelos otimistas e jovens cheios de pensamento positivo. No entanto, apesar de eles serem uma presença muito importante em um comitê de inovação, precisam dividir espaço com os pessimistas e descrentes perante a maioria das novidades. O pessimismo nos faz questionar e desafiar as ideias propostas, buscando identificar possíveis falhas, riscos e obstáculos que podem ser negligenciados por uma visão muito otimista. Isso ajuda a equipe a refinar e fortalecer suas propostas de inovação, tornando-as mais robustas e preparadas para enfrentar as adversidades que as apresentações em PowerPoint não nos mostram, apenas o mundo real.

O pessimista tende a ser mais cauteloso e atento aos riscos potenciais envolvidos em uma determinada ideia ou estratégia de inovação, trazendo um senso de realismo para o comitê de inovação e levando em consideração as limitações orçamentárias, de recursos e prazos. Isso ajuda a evitar a adoção de ideias irrealistas ou fora do alcance, direcionando os esforços para iniciativas mais viáveis e alcançáveis. O pessimista é o chato que vai bater na mesa e dizer "Não, nós não vamos para Marte na semana que vem!".

O pessimista, ao expressar suas preocupações e dúvidas, gera um debate entre os membros do comitê, e por isso merece uma cadeira

GESTÃO NO SÉCULO XXII

cativa. Esse tipo de discussão estimula a análise mais profunda das ideias e a consideração de diferentes perspectivas, resultando em soluções mais refinadas e abrangentes. O objetivo não é desencorajar a inovação, mas sim fornecer uma visão crítica e desafiadora que complemente o processo criativo e ajude a garantir que as soluções propostas sejam sólidas, realistas e eficazes. Sonhar é ótimo e devemos sim criar um ambiente que permita a todos irem além das nuvens, mas sempre mantendo os pés no chão.

Depois das ideias trocadas, debates e decisão sobre os pontos que devem ser melhorados e as inovações que devem ser postas em prática, finalmente é hora de o time de inovação assumir o protagonismo e ir atrás de buscar parceiros ou mesmo criar do zero as ferramentas definidas como necessárias. Para isso, há diversos frameworks que detalham como esse processo pode ser estruturado. Por enquanto não vou me aprofundar em nenhum deles, mas os mais conhecidos são:

- Design Thinking: é um framework que coloca o usuário no centro do processo de inovação. Ele enfatiza a compreensão profunda das necessidades e desejos dos usuários, a geração de ideias criativas e a prototipagem rápida para testar soluções. O Design Thinking geralmente segue as etapas de empatia, definição, ideação, prototipagem e teste.

- Lean Startup: é uma abordagem que visa acelerar o processo de inovação, minimizando o desperdício de recursos. Ele se concentra na criação de um MVP (Produto Mínimo Viável) para testar hipóteses de negócios, aprender com os resultados e evoluir rapidamente.

- Agile: é um conjunto de princípios e valores que promovem a colaboração, a flexibilidade e a resposta rápida às mudanças. É frequentemente aplicado no desenvolvimento de software, mas pode ser adaptado para impulsionar a inovação em outros contextos. As metodologias Agile, como

Scrum e Kanban, enfatizam a colaboração interfuncional e a adaptação contínua com base no feedback.

- Open Innovation: envolve a colaboração com parceiros externos, como clientes, fornecedores, universidades e startups, para buscar e implementar ideias inovadoras. Essa abordagem reconhece que as melhores ideias podem vir de fontes externas à organização e promove a cooperação para impulsionar a inovação.

- Business Model Canvas: é uma ferramenta visual que permite mapear e explorar o modelo de negócios de uma empresa. Ele ajuda a identificar oportunidades de inovação, analisar a proposta de valor, os segmentos de clientes, as fontes de receita e outros componentes-chave do modelo de negócios. O Canvas é usado para criar, apresentar e testar modelos de negócios inovadores.

- TRIZ: a Teoria da Resolução de Problemas Inventivos é uma metodologia sistemática que busca resolver problemas complexos e estimular a inovação. Ela se baseia em princípios e padrões gerais de inovação, oferecendo diretrizes para a geração de soluções criativas e a superação de obstáculos.

Metodologias e ferramentas à parte, é importante, antes de tudo, que a empresa se coloque em um estágio de melhoria contínua não apenas para os seus clientes, mas também para si mesma. Para isso, é preciso que organizações e funcionários se coloquem em uma posição de coparticipação e cocriação. O que isso significa? A coparticipação refere-se à inclusão dos funcionários no processo de decisão e no compartilhamento de responsabilidades. Em vez de uma abordagem hierárquica tradicional, a coparticipação incentiva a participação ativa dos funcionários em diferentes níveis da organização, o que pode ser alcançado por meio da criação de fóruns de discussão, grupos de trabalho, reuniões de brainstorming, programas

GESTÃO NO SÉCULO XXII

de sugestões e os já citados comitês de inovação. A coparticipação busca engajar os funcionários, aumentar seu senso de propriedade e fortalecer o sentimento de pertencimento à empresa.

Por sua vez, a cocriação envolve a colaboração entre funcionários e a empresa na criação conjunta de valor. Nesse contexto, os funcionários são vistos como fontes de conhecimento, experiência e criatividade, capazes de contribuir para o desenvolvimento de produtos, serviços e processos inovadores. A cocriação valoriza a diversidade de perspectivas e incentiva a colaboração transversal entre diferentes departamentos e níveis hierárquicos.

Quando a gestão do século XXII se consumar, esses conceitos provavelmente vão desaparecer, uma vez que não haverá diferenciação entre sócios e funcionários e o "co" perderá o seu sentido. Haverá pura e simplesmente participação e criação. Hoje, no entanto, eles são um passo importante em direção a esse cenário tão distante para grande parte das empresas.

Inovação na captação de receita

Quando falamos de receita, os pontos principais a serem estudados são os produtos e as vendas. Para inovARmos nesse sentido, precisamos analisar as nossas fontes de receita com base no teorema de Pareto, também conhecido como a regra 80/20, que estabelece que aproximadamente 80% dos resultados são gerados por 20% das causas.

É importante identificarmos os nossos clientes-chave e os produtos carro-chefe, ou seja, aqueles que mais vendem e que mantêm a operação lucrativa. Depois, é hora de entender o poder de resiliência desses produtos ou serviços perante as mudanças do mercado e estabelecer um plano de adaptação ao que chamamos de "novo dinheiro". O conceito de "novo dinheiro" refere-se também às mudanças e transformações no sistema financeiro impulsionadas pelo avanço da tecnologia e pela inovação. Mas não podemos nos limitar à forma como o dinheiro é transacionado. Precisamos analisar como a tecnologia tem transformado o nosso setor e, com base nisso, criar outras fontes de receita, por mais absurdas que elas inicialmente pareçam. Hoje, por exemplo, temos a tecnologia chamada Li-Fy (Light Fidelity), a internet via luz, e está sendo analisado como seria possível introduzi-la no mercado brasileiro. Pode ser que você, que está lendo este livro agora, já saiba se essa inovação tornou-se um grande sucesso ou um estrondoso fracasso, mas hoje o que vemos é um potencial enorme, e esse é um exemplo do que busco quando o assunto é inovação na geração de receita.

Preciso frisar: você não precisa ir tão longe para inovar no seu negócio e torná-lo mais lucrativo. Lembre-se que a famosa divisão entre ideias centrais, adjacentes e transformacionais deve ser levada em consideração, tenha isso em mente.

Independentemente do tamanho e da complexidade da sua empresa, as ideias selecionadas no comitê de inovação precisam passar por um processo de validação de mercado. Uma grande falha de algumas startups e alguns projetos desenvolvidos dentro das organizações é a criação de soluções para problemas inexistentes, o que leva ao desperdício de muito tempo e dinheiro. Muitas vezes, os empreendedores têm uma ideia inovadora e estão apaixonados por ela, mas não realizam uma pesquisa adequada para validar se há um mercado viável e uma necessidade real para sua solução.

Essa falta de validação prévia comumente resulta em um esforço excessivo para construir um produto ou serviço que não encontra aceitação no mercado. As startups precisam realizar uma pesquisa aprofundada para identificar e compreender os problemas reais que os clientes enfrentam antes de investir tempo e recursos no desenvolvimento de uma solução.

Uma abordagem eficaz para evitar esse problema é adotar a mentalidade de escuta ativa, envolvendo potenciais clientes desde o início, buscando compreender suas necessidades, dores e desafios, antes mesmo de começar a desenvolver uma solução. Entrevistas, pesquisas de mercado e análise da concorrência são algumas das etapas cruciais para garantir que estamos atendendo a uma demanda real, mas é também preciso estar atento a um outro fator.

Uma coisa é criar uma solução para um problema que não existe, outra é criar uma solução para um problema que as pessoas não sabiam que existia.

Embora possa parecer contraditório, identificar e resolver problemas que os clientes ainda não reconhecem é uma oportunidade valiosa para as startups. Ao identificar esses problemas não percebidos, elas se posicionam como autoridades naquele segmento, pois se mostram capazes de identificar falhas e deficiências que nem mesmo o profissional que atua no dia a dia daquele processo identificou. No entanto, é importante abordar essa situação com cuidado e com uma estratégia muito bem planejada de comunicação.

Afinal, se o problema está tão oculto que nada me convence de que eu o tenho, eu não vou mesmo comprar nada que prometa solucioná-lo.

Um dos papéis cada vez mais definidos nas empresas e que pode ajudar com as validações e estudos planejados é o do Chief Revenue Officer (CRO), essencial dentro das empresas. Ele é responsável por supervisionar todas as atividades relacionadas à geração de receita e ao crescimento do negócio, garantindo que as metas sejam alcançadas e, quem sabe, superadas.

Ele é o cara que vai definir as metas de vendas, identificar mercados-alvo, desenvolver planos de marketing e implementar estratégias de aquisição de clientes, trabalhando sempre em estreita colaboração com as equipes comerciais e de marketing para garantir que as iniciativas estejam alinhadas e sejam executadas da melhor forma possível.

Quando as novas formas de geração de receita forem implementadas, o CRO estará de olho na otimização das operações de vendas.

Ele irá monitorar as métricas-chave, como taxas de conversão, tempo de ciclo, receita por cliente e outros indicadores de desempenho. Com base nesses dados, ele vai identificar áreas de melhoria, implementar mudanças nos processos e desenvolver estratégias para impulsionar a eficiência e o desempenho das equipes de vendas.

O seu alinhamento com o time de inovação e a sua participação no comitê são essenciais para que um negócio não estagne e pereça em meio ao novo mercado. Ele é, sem dúvidas, uma das figuras centrais da gestão no século XXII, apesar de hoje a sua existência não ser tratada como uma obrigatoriedade em grande parte das empresas.

O CRO, ao lado de todo o comitê de inovação e de uma empresa moldada sobre os pilares da cultura do erro, também precisa estar atento ao que de mais moderno a teoria empresarial nos traz hoje.

Se, em 1960, E. Jerome McCarthy propôs os famosos quatro Ps do marketing — Produto, Preço, Praça e Promoção —, John Bessant e Keith Pavitt nos trouxeram os quatro Ps da inovação — Produto, Processo, Posição e Paradigma.

Os Ps mais antigos são amplamente conhecidos e são considerados pilares fundamentais do mix de marketing. Eles se referem aos elementos-chave que uma empresa deve considerar ao desenvolver sua estratégia de marketing, enquanto os Ps da inovação se concentram nos elementos fundamentais para impulsionar a inovação nas empresas.

O primeiro "P" refere-se ao Produto. Aqui, trata-se de desenvolver novos produtos ou aprimorar os já existentes, criando soluções inovadoras que atendam às necessidades do mercado.

O segundo "P" é o Processo, que diz respeito à inovação nos processos internos da empresa, o que envolve a adoção de novas técnicas, métodos ou tecnologias para melhorar a eficiência, produtividade e qualidade dos processos de produção.

O terceiro "P" é a Posição, relacionado à inovação na forma como a empresa se posiciona no mercado, o que envolve identificar novos

GESTÃO NO SÉCULO XXII

segmentos, adaptar a estratégia de marketing e buscar vantagens competitivas únicas.

Por fim, temos o "P" do Paradigma, que aborda a inovação no pensamento e na mentalidade da empresa, incluindo o desafio aos paradigmas existentes, a abertura a novas ideias e criação da nossa tão falada cultura de inovação.

Esses quatro Ps da inovação complementam os quatro Ps do marketing, fornecendo uma estrutura abrangente para que as empresas considerem diferentes aspectos da inovação em suas estratégias de negócios, mas os novos conceitos não param por aí.

Além dos quatro Ps da inovação, também foi feita a distinção entre inovação incremental e inovação radical, baseada no grau de mudança e no impacto que a inovação tem sobre os já citados produtos, processos, posições e paradigmas da empresa.

A inovação incremental são as melhorias contínuas e graduais, sem grandes revoluções e mudanças bruscas de direção. É uma abordagem evolutiva, que ocorre dentro dos limites do modelo de negócio atual da empresa. São pequenas alterações, ajustes, atualizações e aperfeiçoamentos, a lapidação de algo que já existe e funciona bem.

Por sua vez, a inovação radical envolve mudanças significativas e disruptivas nos nossos quatro Ps (ou oito, se somarmos as duas teorias). Essa forma de inovação desafia normas e padrões estabelecidos e tem o potencial de resultar em uma transformação completa do modelo de negócio. A inovação radical cria algo revolucionário, capaz de alterar os fundamentos de como as coisas são feitas. É o famoso reinventar a roda, a revolução que traz fama às ditas mentes brilhantes e formam os novos bilionários.

Ambos os tipos de inovação têm valor e importância para as empresas. A inovação incremental é importante para manter a competitividade a curto prazo, aprimorando gradualmente os produtos e processos existentes. Já a inovação radical é necessária para impulsionar mudanças disruptivas e aproveitar oportunidades de mercado em constante evolução.

É claro que a distinção entre inovação incremental e radical não é rígida nem deve ser levada ao pé da letra. Muitas vezes, a inovação ocorre em um espectro, mas em determinado momento coloca um pé no outro, tendo diferentes graus de mudança e impacto. O nosso trabalho é combinar elementos de ambos os tipos em nossas estratégias, buscando tanto melhorias incrementais como ideias revolucionárias.

É a constante busca pelo equilíbrio, que permite que a organização se adapte às mudanças do mercado na velocidade em que elas ocorrem, sejam lentas, como mudanças na receita da Coca-Cola, ou rápidas, como um foguete da SpaceX. A inovação incremental permite ajustes graduais para responder às demandas dos clientes e às tendências emergentes, enquanto a inovação radical possibilita uma resposta mais ágil e transformadora a mudanças disruptivas. Essa combinação permite que a organização se mantenha atualizada, seja proativa em relação às mudanças e evite ser pega de surpresa por concorrentes, novos entrantes ou algum cisne negro avassalador.

Esse equilíbrio também auxilia na gestão de riscos e recursos. A inovação incremental é considerada menos arriscada e requer menos recursos financeiros e humanos, enquanto a inovação radical costuma ser arriscada e exigir investimentos significativos em pesquisa, desenvolvimento e implementação. Na verdade, o risco está em não se planejar para implementar ambas assim que for necessário.

2
PROCESSOS

Midjourney

Processos bem feitos são fundamentais para levar qualquer empresa ao sucesso, o que não se limita apenas ao aspecto financeiro, mas engloba diferentes vertentes, como o bem-estar das pessoas, o trabalho em equipe e a empatia entre os colaboradores. Quando falo sobre processo, estou me referindo a todo o caminho, desde a seleção dos recursos humanos até as atividades diárias e rotinas diversas.

Compreender profundamente como cada pessoa trabalha e o que a torna única é crucial para uma empresa atender às suas necessidades. Acredito que a máxima "entender para atender" também deve ser aplicada internamente, começando pelo departamento de recursos humanos. Atualmente, as gerações mais jovens têm um perfil mais desprendido e buscam menos rotinas engessadas. Embora a automação seja importante para otimizar processos, algumas atividades ainda requerem o toque humano, o raciocínio e a intuição, e talvez a contratação esteja no topo dessa lista.

O processo de contratação deve ser muito mais do que apenas algumas entrevistas e uma esteira de desafios a serem superados em busca da aprovação de um superior. É essencial encantar os candidatos, mostrar como é a cultura da empresa e proporcionar a sensação de que eles já fazem parte da equipe. Tenho percebido que muitas empresas estão buscando talentos diretamente nas faculdades, o que é uma ótima estratégia para atrair mentes jovens e criativas.

Um processo bem estruturado de recursos humanos, focado nas necessidades e valores dos colaboradores, é essencial para o sucesso de uma empresa em todas as suas dimensões, tornando-a um ambiente acolhedor e propício ao crescimento coletivo. Então, partindo desse princípio, o conceito de local cívico tradicional deixa de existir. O local cívico se transformará em espaços como os conhecidos coworkings, que oferecem opções variadas para o trabalho. À medida que avançamos de vez para o modelo híbrido, será essencial mostrar aos potenciais "sócios" vídeos da empresa, revelando como é o dia a dia, a cultura e com quem eles vão trabalhar. Essas ações de encantamento serão cruciais para atrair os "sócios" do futuro, uma

GESTÃO NO SÉCULO XXII

vez que eles terão muitas empresas em todo o mundo para escolher e, em especial os mais jovens, buscarão aquelas com um propósito maior e que ofereçam participação ativa em seu desenvolvimento, tornando-os verdadeiros donos do negócio.

Essa transformação levará a uma empresa formada por diversos "sócios" colaboradores, cada um contribuindo para o crescimento e sucesso do empreendimento. Participações nos rendimentos finais serão uma prática natural, e as pessoas estarão trabalhando em várias empresas ao mesmo tempo, em diferentes partes do mundo. Trabalhar em múltiplas organizações será uma realidade comum, e as tradicionais jornadas de oito horas diárias durante todo o ano serão substituídas por arranjos mais flexíveis e adaptados aos perfis individuais.

O trabalho remoto se tornará a norma, permitindo que as pessoas atuem globalmente, trabalhando em diferentes fusos horários e organizações. Essa nova dinâmica de trabalho proporcionará maior liberdade e flexibilidade, tornando a colaboração global mais acessível e natural.

Entendo que o modelo de participação no lucro pode realmente se assemelhar a uma bolsa de valores, em que as empresas serão listadas e poderão atrair novos sócios. Esse movimento é cada vez mais comum atualmente, com empresas criando estruturas para investir em várias startups e projetos, buscando oportunidades de crescimento no futuro. Essas estruturas permitem que uma empresa tenha participação em várias outras menores, geralmente de tecnologia, gerando oportunidades para que cada funcionário também tenha envolvimento com essas iniciativas. Por exemplo, se uma empresa tem mil funcionários e investe em trinta ou até cinquenta startups ao longo do tempo, isso proporciona uma chance para que cada colaborador tenha participação nesse ecossistema revolucionário e expanda suas experiências e conhecimentos.

Nesse mundo excitante e desafiador, estabelecer processos adequados e eficazes torna-se uma prioridade para a adaptação a essa nova realidade de trabalho colaborativo e distribuído, em que as fronteiras entre empresas e projetos se tornam mais fluidas. Agora, uma cadência bem estruturada entre atividades é fundamental. Com as gerações mais novas buscando ambientes menos rotineiros, automatizar processos manuais, especialmente por meio de RPA (Robotic Process Automation), se torna essencial para liberar mais tempo para atividades intelectuais.

A tendência é que as empresas adotem cada vez mais RPA para automatizar tarefas matemáticas e repetitivas, permitindo que os funcionários concentrem-se em atividades que exigem pensamento crítico. Isso resultará em maior eficiência e liberará mais tempo para que as pessoas se envolvam em diversas etapas e projetos, o que é especialmente desejado pelas gerações mais jovens. Profissionais com habilidades em análise crítica de processos manuais serão essenciais para identificar o que pode ser automatizado e separar tarefas que requerem intelecto humano.

Ao ter os processos manuais automatizados, a empresa se tornará mais eficiente, permitindo que os colaboradores se concentrem no uso do intelecto para conhecer a árvore de valores dos clientes, a estrutura de conhecimento deles e suas necessidades. Aqui, a empatia e o intercâmbio de conhecimento serão fundamentais, pois a empresa não precisará apenas entender seus próprios processos, mas também compreender o processo e as necessidades daqueles que compram os seus produtos e serviços. Conhecer o perfil e os detalhes das pessoas com quem se deve interagir, como detratores e promotores da marca, permitirá uma abordagem mais direcionada e efetiva.

Ou seja, a automação dos processos manuais vai além de simplesmente economizar tempo, ela possibilitará um relacionamento mais estratégico, direcionado e empático em relação aos clientes. Assim, serão fortalecidos os laços com eles, contribuindo para o sucesso do negócio em múltiplos níveis.

Isso será especialmente impactante em verticais como tecnologia, varejo e indústria, mas gostaria de aprofundar o olhar também em relação ao setor da saúde, que enfrentará uma revolução gigantesca. Acredito que, no futuro, o metaverso estará bem desenvolvido, o que proporcionará um contato próximo, mesmo que não seja físico. As empresas da área de saúde poderão aproveitar essa evolução para melhorar a experiência do paciente e os processos de atendimento.

Por exemplo, em vez de enfrentar filas para consultas, os pacientes poderão ser atendidos virtualmente, utilizando recursos avançados de telemedicina. Essa abordagem permitirá que cada pessoa seja atendida em uma unidade médica virtual, evitando deslocamentos desnecessários.

Na busca pela melhoria dos processos de atendimento médico, é importante ter especialistas críticos de etapas em várias áreas. Esses especialistas devem atuar no mapeamento e na automatização de processos, no conhecimento do perfil do cliente e nas estratégias de gestão, o que também se aplica a vendas, tecnologia e gestão de pessoas, entre outros setores.

Outro ponto a ser considerado será a inclusão social. É essencial garantir que as tecnologias adotadas sejam acessíveis a todas as regiões, incluindo as áreas remotas. Tecnologias como a já citada Li-Fi (internet através da luz) desempenharão um papel importante nessa seara, ao proporcionar acesso à internet em áreas em que a conectividade tradicional é limitada.

Experiências profissionais passadas, como implantações de novas tecnologias em grandes organizações e de diversos ramos, mostram que as empresas precisam personalizar suas abordagens para melhor se adaptarem ao ambiente em que atuam. A implementação de um framework padrão pode, em alguns casos, tornar o processo burocrático e impedir respostas rápidas aos clientes e às suas necessidades. A evolução tecnológica facilita a definição de processos, mas é fundamental evitar a rigidez e "pensar fora da caixa", um conceito que por si só já está ultrapassado. Hoje em dia, na verdade, devemos chutar a caixa para longe. O importante é entender as necessidades do cliente e criar processos eficientes para atendê-las, independentemente do framework utilizado.

É por isso que ter pessoas com uma abordagem pessimista, no sentido de questionar e desafiar a abordagem tradicional, é valioso. Esses profissionais ajudam a avançar e a compreender diferentes perspectivas, possibilitando a construção de um modelo personalizado que se adequa ao perfil do cliente e às demandas do mercado. A chave para o sucesso está em adotar uma mentalidade aberta, adaptável e inovadora. Não se trata de seguir apenas um conjunto de regras preestabelecidas, mas sim de aproveitar o melhor de várias fontes e criar uma abordagem única e eficaz para atender as necessidades específicas de cada empresa e cliente. Essa flexibilidade permitirá que as empresas se destaquem no mercado, proporcionando atendimentos mais ágeis, eficientes e personalizados.

É preciso reconhecer que erros e problemas podem acontecer em qualquer empresa, independentemente da adoção dos melhores frameworks ou práticas. A chave está em conhecer bem as diversas abordagens disponíveis, puxando o que há de melhor em cada uma delas para criar uma solução personalizada. No contexto da gestão de TI, por exemplo, é necessário considerar que nem todas as empresas contam com os mesmos recursos ou faturam milhões, então as superestruturas nem sempre serão a solução. Ainda assim, a automação de processos é necessária para tornar a empresa mais eficiente e preparada para atender às demandas de um mundo cada vez mais conectado e digital. Com uma estrutura básica bem montada, que suporta o trabalho remoto e atendimento rápido, a empresa pode contar com vários "sócios", funcionários engajados e processos automatizados, garantindo maior agilidade nas operações e satisfação do cliente.

A tecnologia desempenha um papel importante na melhoria de vários setores, por exemplo, o varejo. Ao mapear as necessidades e expectativas dos clientes, é possível implementar tecnologias, como câmeras de reconhecimento de frutas em supermercados, propor-

GESTÃO NO SÉCULO XXII

cionando uma experiência mais personalizada e satisfatória para o consumidor. Alguns elementos do mundo físico são inegociáveis, como a possibilidade de tocar, cheirar e ver uma fruta antes de escolhê-la no mercado, então caso queiramos adaptar experiências como essa ao mundo digital, precisamos entender o cliente e construir as inovações capazes de unir a praticidade do on-line com a vivacidade do ato de pegar uma pera ou uma laranja em mãos.

À medida que a tecnologia avança e as empresas se tornam mais integradas, veremos a simplificação de serviços e processos, eliminando a necessidade de gerenciamento manual. O foco estará na qualidade do atendimento e na satisfação do cliente, que poderá acessar diversos serviços com facilidade, sem a necessidade de interações complexas ou burocráticas.

O segredo aqui está em equilibrar a tecnologia, os processos e a empatia, estando disposto a se reinventar e a adotar práticas inovadoras para atender às necessidades dos funcionários e clientes. Nesse caso, é a construção de um varejo do futuro, em que a tecnologia e a humanização caminham juntas para proporcionar uma experiência excepcional a todos os envolvidos no negócio.

A paixão pelo negócio é crucial para o sucesso de qualquer empresa, e precisa ser valorizada e cultivada ao longo do tempo. Quando as pessoas são verdadeiramente apaixonadas pelo que fazem, elas trabalham com mais dedicação, comprometimento e energia, o que se reflete em um atendimento excepcional aos clientes e em um ambiente de trabalho positivo.

Para o futuro no qual os funcionários serão sócios e compartilharão da visão de dono, a identificação e a valorização da paixão de cada pessoa se tornam ainda mais essenciais. Não basta ter apenas habilidades técnicas, pois essas se tornarão cada vez mais básicas e automatizadas. O foco deve estar nas soft skills, nas habilidades sociais e emocionais, que são a chave para uma equipe comprometida, colaborativa e motivada.

Com a paixão do negócio como pilar central, as empresas serão movidas por uma força motivadora e inspiradora, capaz de impulsionar o crescimento e o bem-estar. Essa abordagem humana e orientada ao cliente nos permitirá construir um futuro promissor, em que a tecnologia é uma aliada, mas o coração da empresa são as pessoas apaixonadas pelo que fazem.

No futuro, teremos um pool de recursos disponíveis para chamar a qualquer momento, tornando tudo mais ágil e prático. Eu mesmo tenho uma lista com centenas de startups e modelos de inteligência artificial que tornam o meu dia a dia muito mais produtivo. Trago aqui uma pequena amostra delas:

- Meetgeek: para anotações automáticas em reuniões virtuais;
- KRISP AI: para remoção de ruídos de fundo em chamadas;
- BLACKBOX: para transformar simples perguntas em trechos de códigos;
- SCRIBE: para algumas automações de tarefas;
- HEYGEN: para criar apresentações com avatares apresentando;
- SEO GPT: para SEO em alguns sites;
- GOOGLE Gemini: Inteligência Artificial do Google para assuntos genéricos;
- CHAT GPT: Inteligência Artificial da OpenAI para assuntos genéricos;
- MIDJOURNEY: para criação de imagens;
- KREADO AI: para criar vídeos em vários idiomas.

O mundo está caminhando para uma realidade em que tudo se transforma em serviços e a terceirização será uma prática ainda mais comum, permitindo que os empreendedores foquem no que realmente importa. Um exemplo disso é a tendência de as empresas contratarem BPOs (Business Process Outsourcing), terceirizando áreas

GESTÃO NO SÉCULO XXII

como comercial, financeiro, RH, entre outras. Assim, a empresa se concentra em suas habilidades principais, no seu carro-chefe, enquanto profissionais especializados cuidam de outras partes do negócio.

Quando falamos de processos, muitas vezes somos levados a pensar em metodologias rígidas e caixas predefinidas. É como se tentassem nos encaixar em uma fórmula única, mas o mundo em que vivemos é repleto de realidades distintas, e cada empresa tem suas particularidades.

Essa busca pelo método "master" mais eficiente ou a fórmula definitiva para gerir empresas e projetos muitas vezes se torna um mantra, mas, na verdade, a adaptabilidade é a chave. Cada empresa, cada projeto é único e precisa ser tratado de forma adaptável e flexível, levando em consideração suas necessidades específicas.

Na nossa empresa do século XXII, em que todos são PO (Product Owners) e donos do negócio, a gestão se torna uma colaboração de ciclos, com foco total no cliente. Cada membro da equipe contribui com sua expertise para tomar decisões em conjunto, sem a rigidez de um "master" controlando tudo.

A evolução dos processos será constante, sempre buscando aprimorar a eficiência e alcançar os objetivos estabelecidos. O importante é que cada etapa do processo esteja alinhada com os **marcos e prazos definidos**, independentemente de como as tarefas são realizadas. Com as ferramentas e tecnologias adequadas, é possível trabalhar de qualquer lugar, seja na praia, no cachorro-quente da esquina ou até de ponta-cabeça, desde que tudo esteja em harmonia para atingir os resultados esperados.

No fim das contas, o segredo está em manter a abertura para a inovação, a flexibilidade para se adaptar às mudanças e, acima de tudo, a paixão pelo negócio (também esteja atento à serendipidade, um termo utilizado ao longo dos anos que significa a descoberta ao acaso, sem o foco ou a análise direta). Com essa combinação, as empresas estarão preparadas para enfrentar os desafios do futuro e prosperar em um mundo cada vez mais dinâmico e colaborativo.

Hoje em dia, ainda precisamos seguir algumas metodologias engessadas e a sombra da caixa ainda paira sobre nós, nos limitando enquanto ainda não temos coragem de chutá-la para longe. No entanto, se olharmos para o futuro, veremos uma realidade muito mais flexível e colaborativa.

A tecnologia está evoluindo rapidamente, e as empresas estão investindo em plataformas de baixa codificação (low code/no code) que permitem criar websites incríveis sem a necessidade de saber programar, por exemplo, o que abre um mundo de possibilidades para a conexão de diferentes softwares e serviços, facilitando muito qualquer tipo de trabalho. Enquanto 80% do foco estará nas soft skills — gestão de pessoas, empatia, organização do tempo, entre outros —, os outros 20% serão dedicados ao conhecimento das principais tecnologias do mundo. Em um cenário em que tudo é conectado, precisamos acompanhar as inovações e entender o que de novo está saindo em nosso campo de atuação a cada dia.

E o melhor disso tudo é que a informação está ao nosso alcance. Temos diversas plataformas com base de dados, listas de startups, inteligência artificial para diversas tarefas, tudo ao nosso dispor. E com os livros, podemos aprender com os melhores autores e entender que muitas ideias já foram testadas e aprovadas.

Às vezes, parece que estamos redescobrindo a roda, mas basta pegar alguns bons livros de base e aprender com quem já trilhou esse caminho. A leitura é uma forma valiosa de se atualizar e encontrar inspiração para liderar as mudanças que estão por vir.

Recentemente, tive a oportunidade de realizar uma avaliação em uma startup localizada no Rio de Janeiro. Durante a visita, percebi que a equipe adotava uma abordagem interessante em suas reuniões, incentivando a reflexão e o pensamento crítico. Ao confrontar ideias

GESTÃO NO SÉCULO XXII

ou problemas, eles sempre questionavam o porquê das coisas, buscando entender as razões por trás de cada decisão tomada.

Essa dinâmica me fez lembrar de uma metodologia antiga e valiosa conhecida como "5W2H," que consiste em fazer perguntas que começam com "What" (O quê), "Where" (Onde), "Who" (Quem), "When" (Quando), "Why" (Por quê), "How" (Como) e "How much" (Quanto). Eles aplicavam essa técnica de forma eficiente, garantindo uma visão mais profunda dos desafios enfrentados e das oportunidades à sua frente. Contudo, apesar de reconhecer a relevância dessa abordagem, fiquei surpreso ao notar que alguns membros da equipe pareciam descobrir essas práticas como se fossem uma novidade revolucionária. Na verdade, o conhecimento e as boas práticas, inclusive essa metodologia tratada como novidade, existem há muito tempo e estão disponíveis para quem quiser buscar e aprender.

Tanto os formatos digitais quanto os livros físicos têm seu espaço. Embora a era digital tenha trazido consigo a popularidade do Kindle e de outras plataformas digitais, ainda existe uma geração que aprecia a sensação de folhear um livro físico, e não há nada de errado com isso.

Outro aspecto muito importante é a auto-organização no ambiente de trabalho. As equipes do futuro precisarão ser altamente auto-organizadas, tomando decisões responsáveis e gerenciando seu próprio tempo de forma eficiente. Com a chegada da gestão do século XXII, essa habilidade será ainda mais essencial, considerando que as estruturas hierárquicas estão se tornando mais horizontais, e a fusão entre funcionários e sócios se torna cada vez mais comum.

3
PESSOAS

Fonte: Midjou

GESTÃO NO SÉCULO XXII

Nesta parte tão importante do livro, trarei algumas referências excepcionais sobre a abordagem deste ser único: o ser humano.

Antes de tudo, é preciso muito cuidado quando tratamos de pessoas, pois, no final das contas, elas são a base de qualquer empresa. Seja para montar um processo, preparar a tecnologia ou rodar tudo isso que citamos neste livro, são pessoas, independentemente dos seus cargos, funções ou se tem ou não alguma máquina lhes ajudando, que serão responsáveis pelo sucesso ou fracasso da empreitada.

Frederic Laloux, em seu livro *Reinventando as organizações*, apresenta uma visão visionária e holística de como as organizações modernas estão evoluindo para modelos operacionais mais conscientes e centrados no ser humano. Baseando-se em pesquisas e estudos de caso, Laloux identifica padrões emergentes e propõe novos paradigmas de gestão e estrutura organizacional.

Laloux descreve a evolução das organizações por meio de vários estágios, cada um correspondente a um nível de consciência humana. Esses estágios são codificados por cores:

1. Vermelho (Impulsivo): organizações dominadas pelo poder, muitas vezes com líderes autoritários no comando. Exemplo: gangues, tribos.

2. Âmbar (Conformista): organizações hierárquicas, muitas vezes burocráticas, com papéis e processos estritamente definidos. Exemplo: exércitos, igrejas.

3. Laranja (Orientado para o Desempenho): organizações movidas por metas, competição e inovação. Prevalente em muitas empresas modernas.

4. Verde (Pluralista): organizações que valorizam a cultura, o empoderamento e o bem-estar dos stakeholders. Enfatiza a participação e a comunidade.

5. Roxo (Evolutivo): organizações autogeridas, centradas no propósito e que operam com base na confiança e abundância, em vez de medo e escassez.

Agora, farei uma análise a respeito das organizações roxas (evolutivas), que seguem o futuro de nossa gestão no século XXII.

Organizações roxas: um novo paradigma

Laloux dedica grande parte do livro às organizações "roxas", uma vez que elas representam o futuro emergente. Essas organizações operam de maneira radicalmente diferente das estruturas tradicionais. Por exemplo, organizações não têm uma hierarquia tradicional e sem funções de gestão de pessoas. Em vez disso, as decisões são tomadas coletivamente, com base em consenso ou consultas, prevalecendo o conceito da autogestão.

Essas organizações incentivam os indivíduos a trazerem seus "eus" completos para o trabalho, em vez de usar máscaras profissionais. Em vez de aderir rigidamente a uma missão fixa, organizações roxas são orientadas por um "propósito evolutivo", permitindo que a empresa se adapte e mude organicamente.

Reinventando as organizações oferece uma visão otimista e transformadora do futuro do trabalho. Laloux argumenta que à medida que a consciência humana evolui, nossas organizações inevitavelmente seguirão o exemplo, mas a transição para modelos mais evoluídos não é simples. Ela exige uma mudança fundamental na mentalidade dos líderes e membros da organização e disposição para desaprender práticas e normas estabelecidas. Assim, fomentamos o início de um novo caminho ao futuro, lembrando sempre da serendipidade.

A principal lição do livro é que as organizações, como organismos vivos, têm o potencial de crescer, adaptar-se e evoluir. Conforme nos esforçamos para criar ambientes de trabalho mais conscientes e humanizados, *Reinventando as organizações* serve como um guia para o que é possível fazermos hoje.

Economia compartilhada: a visão de April Rinne

A economia compartilhada tem moldado a forma como vivemos, trabalhamos e nos relacionamos. Voltada a esse tema, poucas vozes são tão influentes quanto a de April Rinne, uma consultora global, palestrante e defensora das inovações em modelos de negócios e sistemas financeiros. Suas ideias sobre a economia compartilhada enfatizam tanto suas possibilidades transformadoras quanto seus desafios inerentes.

Para Rinne, a economia compartilhada não é apenas sobre compartilhar no sentido tradicional. É um fenômeno econômico e social que envolve o compartilhamento, aluguel, troca ou empréstimo de bens e serviços, geralmente facilitado por plataformas digitais, variando desde o compartilhamento de carros, como Uber e Lyft, até plataformas de hospedagem, como Airbnb.

Rinne destaca vários benefícios associados à economia compartilhada.

Eficiência de Recursos: aproveitar melhor os recursos subutilizados leva a uma economia mais eficiente, em que, por exemplo, carros não ficam parados 90% do tempo ou quartos vazios não são desperdiçados.

Empoderamento Econômico: mais pessoas podem se tornar microempreendedores, aproveitando seus ativos e habilidades de maneira flexível.

Comunidades Fortalecidas: conforme as pessoas interagem de maneiras novas e mais frequentes, o compartilhamento fomenta a confiança e constrói laços comunitários.

Naturalmente, a economia compartilhada não é a representação de um mundo perfeito e também traz os seus desafios e preocupações. Há, por exemplo, o receio de que a economia compartilhada beneficie desproporcionalmente aqueles que já têm ativos para compartilhar, ampliando desigualdades existentes.

Outra questão importante são as relações trabalhistas. Plataformas como Uber e Lyft têm enfrentado questões sobre se seus motoristas devem ser classificados como contratados independentes ou empregados. Como as plataformas de compartilhamento desafiam modelos tradicionais, elas frequentemente entram em conflito com os regulamentos de todos os tipos.

Para Rinne, o futuro da economia compartilhada é brilhante, mas também incerto. Ela advoga por uma abordagem equilibrada que celebre os benefícios enquanto aborda proativamente os desafios. A colaboração entre startups, governos, setores tradicionais e a sociedade civil é imprescindível.

Ela também prevê a expansão da economia compartilhada em setores menos óbvios, como a saúde e a educação, o que representa não apenas novas oportunidades econômicas, mas também a chance de repensar, reinventar e desafiar sistemas e práticas estabelecidas e tidas como imutáveis. Como vimos tantas vezes ao longo deste livro, é o *status quo* sendo posto à maior prova da sua história.

Até aqui, estamos formando uma nova linha de raciocínio, em que criamos um ambiente mais humanizado e propício à inovação, não esquecendo de tratar os erros (que podem não ser erros, como já vimos). Com o modelo de economia compartilhada bem fundamentado em nossa mente, damos um passo além na construção do gestor ideal para o século XXII.

A arte da liderança ambidestra

Direita ou esquerda? Que nada! Hoje, mais do que nunca, precisamos ser ambidestros — e não estou falando de política. A liderança ambidestra tornou-se um conceito crítico no cenário empresarial contemporâneo, marcado por rápidas mudanças, complexidade crescente e disrupção constante. Ela refere-se à capacidade de uma organização ou líder equilibrar e integrar duas dimensões opostas: foco no futuro e na inovação e na eficiência operacional.

Foco no futuro: envolve a inovação, experimentação e busca por novas oportunidades. É o lado criativo e orientado para o futuro da equação.

Eficiência operacional: foca na eficiência, na otimização e no aproveitamento das competências e recursos existentes. É o lado pragmático, orientado para o presente e a curto prazo.

Em um mundo onde a mudança é a única constante, como já dissemos: ou você se renova, ou renovarão você. A liderança ambidestra permite que as organizações optem pela vida ao equilibrar as demandas conflitantes da inovação contínua e a execução eficaz.

Um líder ambidestro é alguém que consegue navegar entre paradoxos, ou seja, alternar entre modos de pensamento divergentes, equilibrando criatividade com disciplina. Ele precisa ser capaz de fomentar uma cultura dupla, encorajando tanto a inovação quanto a excelência operacional dentro da equipe ou organização. E tudo isso, é claro, mantendo uma mentalidade aberta e flexível, adaptando-se às mudanças nas condições de mercado e tecnologia.

A implementação da liderança ambidestra não é tarefa fácil. Algumas estratégias para essa implementação incluem a criação de uma estrutura organizacional dual. Nesse modelo, algumas organizações estabelecem unidades separadas para inovação e operações, cada uma com diferentes culturas e processos. É fundamental investir no desenvolvimento de habilidades, promovendo treinamento e foco em habilidades como pensamento crítico, resolução de problemas complexos e flexibilidade cognitiva. A comunicação segue sendo peça-chave, estabelecendo canais claros entre as equipes que alçam voo e aquelas que se mantêm no chão de fábrica.

Ao adotar essa abordagem, assim como qualquer outra, precisamos olhar também para as armadilhas que podem vir junto a elas. A tensão entre as demandas de inovação e eficiência, por exemplo, pode desencadear conflitos culturais e a dificuldade de executar e equilibrar essas duas dimensões é uma realidade inegável. Essa complexidade exige monitoramento e ajuste constantes para garantir o sucesso da implementação.

A liderança ambidestra é um modelo poderoso para a gestão moderna, oferecendo um caminho para inovar e otimizar simultaneamente, mas é um processo delicado e cheio de complexidades. Líderes e organizações que buscam adotar este modelo devem fazê-lo com consciência e intenção, estando preparados para navegar nas tensões e paradoxos inerentes.

Não é natural uma pessoa deter 100% do conhecimento de todos os frameworks existentes para o operacional, tático e estratégico. Então, é importante definir muito bem nosso roadmap profissional e, nessa construção constante, o conceito do líder ambidestro e a criação de um "ambiente roxo" é parte da nossa trilha de aprendizados.

Agora, ainda no âmbito das pessoas, para entendermos nossas dificuldades em aprender e a lidar com as mudanças, trago aqui uma reflexão sobre o livro *Programado para resistir*, de Britt Andreatta. Vejamos.

Programado para resistir, de Britt Andreatta

Britt Andreatta, na obra citada, adentra nas complexidades da natureza humana, especialmente quando se trata de mudança. Ao entender o cerne de nossas reações à mudança e os fatores neurobiológicos por trás delas, nos tornamos capazes de desenvolver estratégias mais eficazes para liderar, gerenciar e adaptar-nos em tempos de transição.

Andreatta começa sua análise com uma premissa simples, mas poderosa: devido a fatores evolutivos e de sobrevivência, nos quais o desconhecido muitas vezes representava uma ameaça, o cérebro humano está programado para resistir à mudança.

A resistência à mudança vai além da reação psicológica; ela tem profundas raízes biológicas. O livro aborda o papel da amígdala,

GESTÃO NO SÉCULO XXII

que funciona como o centro de luta ou fuga do cérebro, sinalizando perigo e preparando-nos para responder a ameaças. Paralelamente, o sistema de recompensa, ligado ao núcleo *accumbens*, que é ativado por recompensas e prazeres, pode ser utilizado a nosso favor ao tentar implementar mudanças.

Andreatta destaca uma jornada por meio de três fases distintas da mudança. A primeira é o "Descongelamento", que surge quando percebemos a necessidade de mudar, e pode ser marcada por sentimentos de medo ou resistência. Isso leva à fase de "Mudança", um período de transição em que a adaptação e o aprendizado acontecem. Finalmente, temos o "Recongelamento", momento em que nos acomodamos em uma nova realidade, aceitando e normalizando a mudança.

Ao reconhecer que a resistência à mudança é uma resposta natural e pode ser até benéfica em determinados contextos, Andreatta oferece uma série de ferramentas e estratégias para líderes. Entre suas recomendações, ela sugere a comunicação clara para reduzir incertezas e dar transparência ao processo. Ela enfatiza a importância do envolvimento precoce das partes interessadas e da criação de um sentimento de propriedade, permitindo que os membros da equipe desempenhem um papel ativo na implementação da mudança. Andreatta também defende a oferta constante de suporte, seja por meio de treinamento, provisão de recursos ou simplesmente disponibilizando um ouvido atento e compreensivo.

Programado para resistir destaca a inevitabilidade da mudança e a resistência inata que muitos de nós sentem em relação a ela. No entanto, por meio de uma compreensão aprofundada da neurobiologia e das práticas recomendadas, Andreatta oferece um guia prático para navegar na turbulência da transformação.

Para líderes, educadores e todos aqueles comprometidos com o crescimento pessoal e organizacional, esse livro é um recurso valioso que une ciência, experiência prática e empatia para abordar um dos maiores desafios da condição humana: a mudança.

Nesse contexto, será importante rever todos os conceitos que criamos e fazer uma análise profunda de nossas crenças limitantes, para que seja possível avançarmos em nosso roadmap em direção à gestão do século XXII. É a única forma de estarmos preparados para absorver as mudanças que nos atingirão dia após dia até lá. Mantenham-se atentos e resilientes.

4
A ERA DA LIDERANÇA HUMANIZADA

A liderança tem sido uma característica definidora da humanidade ao longo da história, e sua evolução nos levou até o conceito que vamos abordar agora. O conceito de liderança humanizada é uma evolução recente que coloca a humanidade — com todas as suas emoções, necessidades e aspirações — no centro do processo de liderança.

A liderança humanizada reconhece que cada membro da equipe é, antes de tudo, um ser humano. Então, assim como costumamos fazer fora do nosso ambiente de trabalho, nas nossas relações interpessoais amorosas, fraternas e familiares, precisamos buscar entender as motivações individuais, preocupações, desafios e paixões de cada membro da equipe, usando essa compreensão para orientá-lo e influenciá-lo positivamente.

As organizações têm dado crescente importância à satisfação e ao bem-estar dos funcionários, entendendo que são componentes essenciais para a produtividade e inovação. Uma abordagem mais humanizada nas práticas de gestão promove a retenção de talentos, pois, quando os funcionários se sentem valorizados e compreendidos, a rotatividade tende a diminuir. E criar um ambiente de apoio incentiva a inovação, pois as pessoas sentem-se mais à vontade para compartilhar suas ideias sem receios. Essa relação de proximidade e confiança é ainda reforçada por líderes que demonstram empatia e autenticidade, fortalecendo os laços com sua equipe.

Para a construção de uma liderança humanizada, precisamos desenvolver a chamada empatia, que envolve a escuta ativa e a capacidade de se colocar no lugar do outro. A comunicação autêntica, pautada pela transparência, honestidade e até mesmo pela vulnerabilidade, também faz do leque de habilidades que nós, como gestores do século XXII, devemos dominar. É preciso ter ainda ênfase no desenvolvimento pessoal, ou seja, investir no crescimento e bem-estar dos membros da equipe e oferecer flexibilidade para atender às necessidades individuais, reconhecendo as intercorrências da vida pessoal. Sim, nem todo atestado é falso e nem todo imprevisto é desculpa esfarrapada.

A criação de canais de comunicação abertos e frequentes, em que os funcionários se sintam seguros para expressar suas preocupações e ideias, é outro pilar da abordagem. Também se faz necessário estabelecer políticas voltadas ao bem-estar, que atendam à saúde tanto mental quanto física dos funcionários. E, evidentemente, o reconhecimento e a recompensa por contribuições e esforços individuais são essenciais para reforçar a valorização do time.

Muitas vezes, os líderes se encontram em situações em que precisam equilibrar sua empatia com a necessidade de tomar decisões difíceis. Aqui, é preciso ter jogo de cintura e entender o que será melhor para a organização sem abdicar da relação humana com o colaborador.

A liderança humanizada não é apenas uma tendência, mas uma evolução necessária na maneira como vemos a interação entre líderes e equipes. Em um mundo cada vez mais complexo e interconectado, as organizações que adotam uma abordagem humanizada estarão mais bem posicionadas para atrair talentos, inovar e prosperar.

Ao colocar as pessoas no centro, reconhecemos que a verdadeira força de qualquer organização reside em sua humanidade.

O poder, o controle e a evolução das relações de trabalho

Hoje, organizações e líderes enfrentam o desafio de equilibrar o poder tradicional e o controle com a necessidade emergente de relações de trabalho mais livres e menos hierarquizadas. A evolução dessas relações impõe uma reflexão profunda sobre como o poder é percebido, exercido e compartilhado nas empresas modernas.

Historicamente, o poder nas organizações estava vinculado à hierarquia. Quanto mais alta a posição, maior o controle. Essa abordagem originou-se da necessidade de organizar grandes grupos de trabalhadores e garantir eficiência e ordem.

Com a evolução da globalização, da tecnologia e do surgimento da economia do conhecimento, as barreiras geográficas para o trabalho foram eliminadas, possibilitando uma colaboração global. Essa nova dinâmica também deu origem à economia gig (*Gig Work*[1]), na qual mais indivíduos estão optando por trabalhos temporários ou contratos de curta duração. Ao mesmo tempo, as organizações estão evoluindo de hierarquias rígidas para hierarquias de redes, priorizando projetos e formação de equipes multidisciplinares.

As organizações modernas têm testemunhado um movimento em direção a equipes mais autônomas e especializadas, e aqui surge o desafio, pois um controle excessivamente rígido se torna contraproducente. Uma abordagem mais flexível a essa gestão leva a ambientes em que a criatividade floresce, promovendo inovação em um ambiente fluido e com uma capacidade melhorada de se adaptar rapidamente às mudanças. Uma maior autonomia também impulsiona a satisfação e o comprometimento dos funcionários, levando a um engajamento mais profundo.

Há uma necessidade urgente de redefinir o poder nas organizações. Líderes modernos devem se posicionar como facilitadores, capacitando suas equipes em vez de serem simples guardiões de uma autoridade, baseada em um título, que é cada vez menos respeitada. Eles também devem promover uma cultura de colaboração, incentivando as equipes a compartilhar conhecimentos e a tomar decisões coletivas.

O controle, como tradicionalmente é entendido, está fora de cogitação na gestão do século XXII. Para prosperar, organizações e líderes devem abraçar uma mentalidade mais flexível e colaborativa, deixando a obsessão pelo poder de lado, assim como a tara — desculpem pelo português rebuscado — em ser chamado de "senhor" e tratado como uma grande autoridade.

---

[1] *Gig Work* é um arranjo alternativo de emprego, uma forma de trabalho em que as pessoas exercem uma atividade freelancer e recebem separadamente por cada projeto/serviço.

O futuro sócio

Como não poderia ser diferente, a sociedade desempenha um papel muito relevante na formação do cenário empresarial no século XXII, e percepções diferentes das expectativas dela podem levar a conflitos entre os parceiros de negócios. Um parceiro talvez defenda que a empresa adote práticas ecologicamente corretas para atrair uma base de consumidores socialmente conscientes. Em contrapartida, o outro parceiro pode priorizar a relação custo-benefício em detrimento das preocupações ambientais. Essa divergência de perspectivas geralmente cria tensão e conflito, pois cada parceiro tenta conduzir a empresa em uma direção que acredita estar alinhada com os valores da sociedade.

Em primeiro lugar, a questão da tomada de decisões é um conflito comum entre os parceiros de negócios. Esse desafio surge quando os sócios têm pontos de vista diferentes sobre decisões estratégicas relacionadas à direção futura da empresa. Um dos sócios pode ser avesso a riscos, preferindo trilhar um caminho seguro, enquanto o outro pode ser mais empreendedor e estar disposto a tomar medidas ousadas para obter recompensas potencialmente altas. Essa diferença de abordagens pode levar a desentendimentos e conflitos.

Em segundo lugar, os conflitos também podem surgir devido à falta de definição de funções e responsabilidades. Quando os parceiros têm papéis ambíguos, eles podem pisar no calo um do outro, o que leva a atritos e conflitos. É fundamental que os parceiros de negócios definam claramente quem é responsável por o que na empresa. Sem essa clareza, torna-se fácil a ocorrência de mal-entendidos e desentendimentos.

Naturalmente, as questões financeiras são outra fonte comum de discórdia. Desacordos sobre a participação nos lucros, contribuições para investimentos e gerenciamento financeiro podem criar fendas difíceis de serem fechadas. Essas questões tornam-se particularmente espinhosas quando um dos sócios sente que está contribuindo mais (financeiramente ou de outra forma), mas não está recebendo uma parte proporcional dos lucros.

Além disso, os conflitos também podem se originar de valores e ética pessoais. Os parceiros de negócios têm origens diversas e podem ter valores sociais e crenças pessoais diferentes. Essas diferenças podem causar conflitos quando se trata de tomar decisões que afetam a cultura ou a postura ética da empresa.

Por fim, há a sempre polêmica questão do nível de comprometimento. Um sócio pode estar altamente envolvido na administração da empresa, enquanto o outro pode não estar tão envolvido. Essa disparidade nos níveis de envolvimento quase sempre cria sentimentos de ressentimento e insatisfação.

Diante de tudo isso, é fundamental que os parceiros se comuniquem de forma eficaz, respeitem os pontos de vista uns dos outros e encontrem pontos em comum para superar esses desafios e garantir o bom funcionamento de seus negócios. Sua propriedade compartilhada deve ser, em primeiro lugar, a construção de uma parceria harmoniosa que possa resistir às provações do tempo e à turbulência dos conflitos.

A partir desse momento, todos devem estar preparados para as adversidades de negociação e para os principais itens a serem considerados para uma entrada em sociedade. Considerando que o futuro em construção está cada vez mais vinculado ao ganha-ganha, devemos estar aptos a, de fato, participarmos de um dos lados do "ganha".

5
CONEXÕES HUMANAS E TECNOLOGIA NO MUNDO DOS NEGÓCIOS

Metaverso

As raízes do fascinante conceito do Metaverso, embora pareça uma novidade na era tecnológica, remontam aos anos de 1990, quando foi concebido em uma obra de ficção científica. O Metaverso, desde sua origem, trazia consigo a visão de uma união de pessoas, criando um ambiente em que todas as possibilidades seriam realidade.

Hoje, no auge das conexões digitais, esse conceito está em plena evolução. O Metaverso está sendo moldado para alcançar novos horizontes nos negócios, eliminando as barreiras que antes limitavam as oportunidades. Por meio dessa realidade virtual, as interações humanas ganham um novo patamar, abrindo portas para o desenvolvimento de uma sociedade cada vez mais conectada.

Nos dias atuais, a estrutura do Metaverso já se faz presente em diversas áreas, como a educação e o treinamento dos mais diversos tipos. Na gestão do século XXII, veremos um cenário em que cursos e capacitações são realizados virtualmente, dispensando a necessidade de deslocamentos e reduzindo custos. E não se trata apenas de treinamentos corporativos. Bombeiros, por exemplo, vão aprimorar suas habilidades em cenários simulados, enfrentando desafios de incêndios e resgates em ambientes seguros, sem o risco real associado.

Hoje, o Metaverso é como um filhote recém-nascido, ávido por crescer e se desenvolver. Enquanto nos encontramos no MVP dessa realidade virtual, já podemos vislumbrar o futuro promissor que nos aguarda. Em breve, treinamentos complexos e arriscados, como operações em altura ou manuseio de máquinas, serão realizados de forma segura, gerando uma revolução educacional que nos permitirá explorar limites até então inimagináveis.

Mas não devemos perder de vista a verdadeira essência do Metaverso: a união de conexões humanas em um mundo digital. Além dos benefícios nos negócios e na educação, esse conceito nos desafia a utilizar a tecnologia para estreitar laços e ampliar nossa empatia.

GESTÃO NO SÉCULO XXII

Ao abraçar o Metaverso, criamos um espaço onde as fronteiras da comunicação desaparecem, e as interações humanas florescem sem limitações geográficas. Em um futuro não tão distante, o Metaverso nos convida a redefinir nossa relação com a tecnologia, fazendo dela uma ferramenta poderosa para a ampliação das conexões humanas e uma oportunidade para transcendermos os obstáculos do mundo físico. Seja nos negócios, na educação ou em nossas interações cotidianas, o Metaverso pode ser a ponte que tanto buscamos para um futuro mais conectado e repleto de possibilidades.

Esse conceito, que já não é mais tão novo, nos convida a uma jornada em que, mesmo sem a necessidade de óculos de realidade virtual, podemos entrar nesse universo por meio de nossos dispositivos móveis, mas ainda encontramos resistência em algumas empresas, em que a cultura antiga limita a exploração plena dessa dimensão. Isso não é à toa. Aquele cenário dos avatares bem vestidos sentados em uma mesa, num escritório virtual, enquanto cada pessoa na verdade está em casa de pijamas, ainda está muito distante mesmo para as grandes corporações. Até porque, de forma equivocada, há quem confunda o espaço de descompressão e relaxamento com as reuniões no Metaverso, quando esta deveria ser encarada como uma ferramenta altamente produtiva e séria.

Por mais que instituições como a Stanford já estejam à frente, criando ambientes ainda mais reais e interativos dentro do Metaverso, para alcançar todo o seu potencial dessa ferramenta é fundamental que as empresas abracem uma nova cultura tecnológica. A tecnologia já está disponível hoje, não é mais algo do amanhã, é a nossa realidade presente. Lembro-me das dificuldades em encontrar salas de reunião disponíveis em uma empresa em que trabalhei. O nosso tempo era valioso e a busca por espaços ocupava uma boa parte dele. No Metaverso, essa preocupação se esvai. O que precisamos, agora, é trabalhar na implementação dessas novas práticas no dia a dia corporativo e usá-las de forma responsável. Integrar o Metaverso à rotina de reuniões e aprendizado é um passo essencial para impulsionar a produtividade e o crescimento das organizações, mas para isso é preciso cultura organizacional e conscientização.

Além das esferas corporativas, as possibilidades do Metaverso se expandem, abraçando áreas como a agricultura. Sim, é possível extrapolar os limites do escritório e adentrar no campo. Identificação de pragas, manejo de rebanho e até o acompanhamento do nascimento de animais nas fazendas estão se tornando uma realidade extraordinária. Com coleiras inteligentes, conseguimos observar a posição precisa de cada animal, proporcionando uma visão panorâmica inigualável.

Há também o Omniverse, uma espécie de "AutoCAD" do Metaverso, composto de sensores que leem o ambiente real e o reproduzem fielmente no mundo virtual. Imagine uma fábrica, por exemplo, em que cada explosão de motor ou avaria é replicada com precisão no tablet que está na palma da sua mão. Esse espelho do mundo real proporciona uma experiência sensorial única, na qual cada detalhe é cuidadosamente refletido.

No que diz respeito às relações humanas, o Metaverso abre portas para um ambiente de plena inclusão e igualdade. Lá, no mundo virtual, não importa quem você é no mundo real. As amarras do preconceito e da ideologia perdem sua força, e a identidade que você escolher assumir é respeitada e valorizada. O que realmente importa é o trabalho que você executa e o talento que você demonstra. Nesse universo, teremos executivos trabalhando em diversas empresas no mundo virtual, sejam elas reais ou somente virtuais mesmo. Novas funções e novos cargos estão aparecendo.

Pois é, as sementes de uma nova mentalidade já foram plantadas, é preciso olhar para o futuro e deixar para trás conceitos ultrapassados. Não falo do "novo normal", um conceito tão batido e incerto, mas sim do presente que já se desenha diante de nós.

A gestão do século XXII, na verdade, é a gestão do agora.

A revolução da Blockchain e das criptomoedas

O Metaverso, como bem sabemos, não está sozinho no mundo das inovações. Outras tecnologias também estão presentes, como as criptomoedas, que simplificam e facilitam transações financeiras nesse nosso novo universo.. Mas antes de nos aprofundarmos nelas, vamos lançar um olhar para a sua base, voltando um pouco no tempo até o momento do nascimento da verdadeira estrutura inovadora por trás do Bitcoin: a Blockchain.

Evitarei me alongar nos detalhes técnicos, pois já há incontáveis especialistas e professores capazes de desbravar esse tema de diversas formas, mas focarei nos aspectos mais práticos da ferramenta.

Blockchain está revolucionando a maneira como as empresas operam, particularmente no que tange à formalização de contratos e à sofisticação das cadeias financeiras. O que isso significa? No setor agrícola, por exemplo, a Blockchain tem um impacto transformador especialmente na venda de animais. Ao utilizar a tecnologia Blockchain, é possível rastrear a propriedade e as transações relacionadas a um animal durante todo o seu ciclo de vida. Por exemplo, se vendo um animal ao Fulano e, posteriormente, o Fulano o vende ao Beltrano, com a Blockchain, ainda posso receber uma participação nas vendas subsequentes. Esse conceito de "ganhos contínuos" por meio do rastreamento é revolucionário para o setor. É o conceito de tokenização do setor agropecuário.

Imagine isso aplicado ao mercado de equinos, em que um único cavalo pode ter múltiplos proprietários com investimentos significativos (o que já acontece hoje em dia, porém estamos falando de proporções muito maiores no ambiente de tokens).

Uma dúvida que surgiu em uma conversa com a minha equipe foi: "Isso não se assemelha a um esquema de pirâmide?". Não, o conceito por trás da Blockchain não é de criar um esquema de pirâmide, mas sim de fornecer uma estrutura transparente e rastreável para transações. Em vez de uma estrutura na qual apenas o topo se beneficia, a Blockchain permite que todos os envolvidos em uma transação se beneficiem de maneira transparente. A única mudança aqui é a forma como as transações são registradas e monitoradas, garantindo que todos tenham a visibilidade de cada etapa da jornada do produto ou ativo.

A Blockchain está transformando radicalmente vários outros setores, desde a compra e venda de imóveis e animais até a indústria musical. Uma dessas revoluções vem a partir da introdução dos Tokens Não Fungíveis, ou NFTs (do inglês, Non-Fungible Tokens).

Os NFTs são essencialmente certificados digitais de autenticidade e propriedade, ancorados na Blockchain. Quando falamos em "cunhar" um NFT, estamos nos referindo à criação de uma representação digital única de um item ou obra de arte na Blockchain. Por exemplo, um artista pode lançar um álbum musical como NFT, ou um proprietário pode registrar um contrato de imóvel no mesmo formato.

No universo do metaverso, cada objeto, seja um item de vestuário ou um celular virtual, pode ser representado como um NFT. Esse NFT, por ser único e verificável, carrega consigo uma autenticidade incontestável. O mais fascinante é que, apesar de sua singularidade, ele pode ser vendido, transferido ou até mesmo licenciado.

Em contraste com os NFTs, surge o conceito de SBTs (do inglês, Soulbound Token, um Token Singular e Intransmissível). A ideia por trás dos SBTs é representar itens que são intrinsecamente pessoais e não transferíveis, como nossos documentos de identidade (RG, CPF), certidões de nascimento ou casamento. Estes, ao contrário dos NFTs, não podem ser vendidos ou transferidos, dado o caráter intrinsecamente pessoal que têm.

Ao integrar esses dois conceitos, podemos imaginar um mundo em que toda a nossa documentação, seja ela pessoal ou de propriedades, esteja armazenada e verificada na Blockchain. Tal cenário não apenas otimiza e unifica sistemas globais, mas também desafia estruturas tradicionais, como os cartórios ou sistemas contábeis.

Por exemplo, se temos um SBT que representa nossa assinatura digital e identidade única, isso elimina a necessidade de autenticações e verificações redundantes. Já que o SBT é intransmissível e único, ele serve como uma prova irrefutável de autenticidade e identidade. Toda essa transição para uma estrutura digitalizada oferece agilidade inigualável e segurança reforçada, eliminando intermediários e reduzindo as chances de fraude.

E, enfim, chegamos às criptomoedas.

Quando elas surgiram, trouxeram consigo uma revolução nas transações financeiras e na maneira como o dinheiro é concebido. Usando a base da Blockchain, as criptomoedas operam de forma descentralizada e segura, fornecendo um mecanismo para transações peer-to-peer sem necessidade de intermediários.

Hoje, é palpável o impacto dessas moedas na sociedade. Se antes as criptomoedas eram vistas como uma novidade distante, agora é possível encontrar caixas eletrônicos em shoppings em que podemos adquirir ou vender criptomoedas. O avanço tecnológico transformou o que era uma mera ideia em algo tangível e acessível ao cotidiano de muitos.

As criptomoedas não apenas possibilitam novas formas de investimento, mas também criaram novas maneiras de financiar projetos. Imagine um empreendedor que deseja obter capital para sua empresa. Ele pode criar sua própria criptomoeda e vender uma porcentagem dela. Ao fazer isso, ele consegue financiamento e, se seu projeto for bem-sucedido, aqueles que investiram na sua moeda se beneficiarão com sua valorização.

As mais famosas criptomoedas, como Bitcoin e Ethereum, já são amplamente reconhecidas e aceitas globalmente. Com a adoção em massa, as variações de preço, por vezes drásticas, tornaram-se o novo padrão do mercado cripto. Para muitos, a estratégia tem sido comprar durante as baixas, pois a visão predominante é que o valor das criptomoedas continuará a crescer a longo prazo.

A universalidade do Bitcoin e outras criptomoedas é sua principal força. Não importa se você está no Brasil, EUA, Japão ou Austrália; o Bitcoin é o mesmo. Essa universalidade elimina a necessidade de troca de moeda, tornando as transações mais simples e diretas.

A verdadeira revolução está apenas começando. Imagine um mundo em que o metaverso é integrado ao nosso cotidiano. Um mundo em que, virtualmente, podemos fazer compras, reservar voos, ou até mesmo interagir com atendentes robóticos, uma vez que os chatbots estão evoluindo para videobots, proporcionando uma interação mais imersiva. Com o uso de NFTs e SBTs, nossa identidade e ativos são facilmente acessíveis e transacionáveis dentro desse universo virtual.

A inteligência artificial, por sua vez, é um tesouro moderno que se apresenta em diversas formas, como o famoso Chat GPT, que rapidamente se tornou uma febre entre as pessoas. Isso é perfeitamente natural, pois há uma necessidade crescente por soluções inteligentes, e a IA se destaca como uma aliada poderosa.

Por trás desse sucesso, tudo o que nasce hoje tem raízes há pelo menos cinco ou até mesmo dez anos, quando mentes inquietas já estudavam e se questionavam sobre as possibilidades dessa tecnologia. Uma ideia que germina ao longo do tempo, até florescer em algo grandioso que transforma a realidade de milhões de usuários.

É importante, portanto, que as empresas compreendam a importância de reservar um espaço dentro de suas operações para o desenvolvimento tecnológico. Investir hoje é plantar a semente de um futuro promissor, em que projetos inovadores se concretizarão.

E quando se trata de planejamento estratégico, a chave é olhar para o longo prazo. É compreensível que algumas empresas se sintam tentadas a fazer planos apenas para os próximos dois anos, afinal, o mundo tecnológico é dinâmico e cheio de mudanças. No entanto, para realmente construir uma visão sólida do futuro, é essencial projetar a empresa para daqui a cinco ou mais anos, mantendo a inovação e a adequação às novas realidades como uma constante diária.

É como navegar em um mar revolto, em que as ondas do progresso e da inovação nos movem para frente e para trás. Algumas vezes, pode ser necessário dar dois passos para trás para aprender com os erros e seguir em frente de forma mais assertiva, e uma forma interessante de se fazer isso, algo que recomendo a todos os gestores, é ler mais livros. Esta é uma oportunidade que todos têm de conversar com o autor por meio das páginas e entender um pouco mais sobre diversos assuntos.

O planejamento estratégico é um exercício de reflexão e projeção, em que é fundamental enxergar além do horizonte imediato. É refletir profundamente sobre as decisões tomadas, rever os caminhos traçados e ajustar a rota para alcançar o sucesso desejado. É olhar para o futuro com a clareza de que, mesmo em um mar turbulento, é possível traçar um curso firme e seguro.

O meu objetivo é que vocês, leitores, estejam preparados e dispostos a deixar para trás conceitos antigos, abraçando de vez essa nova realidade. É um convite para participar do que podemos chamar de maior MVP de todos os tempos, conhecendo não apenas as criptomoedas, a Blockchain e o Metaverso, mas toda a transformação pela qual o nosso mundo está passando.

A consolidação do Metaverso, da Blockchain, dos NFTs, da Inteligência Artificial e das criptomoedas é irrefutável e irreversível. Estamos vivendo o MVP dessa revolução, e eu convido todos a embarcar, pois, quando esse projeto se consolidar, todos devem compreender e abandonar conceitos antiquados.

"Muito complicado", alguns podem pensar, mas não se enganem, pois não há mistério insolúvel. Participar é desbravar um novo horizonte de oportunidades, em que o ganho não se limita apenas à venda. O valor se manifesta também na produtividade da empresa, nas transações e em todos os aspectos do negócio.

O que estou chamando de "o maior MVP do Universo" é um capítulo inigualável em nossa história. À medida que nos entregamos a essa revolução, a grandiosidade de seus benefícios se revela. O caminho, muitas vezes desafiador, é também fascinante, e é hora de aproveitar a oportunidade de desvendar um novo mundo.

O futuro está à nossa frente, a junção da inovação com a interconexão. É hora de deixar para trás o temor do desconhecido e mergulhar de cabeça nessa jornada, colhendo os frutos de uma nova era.

Mindset

No capítulo anterior, abordamos as tecnologias emergentes e já estabelecidas que estão moldando o nosso presente e o nosso futuro. Cada vez mais, essas inovações estão influenciando diversos setores e profissionais de todas as áreas terão que adotar uma nova perspectiva e modo de pensar.

Agora, apesar dos avanços tecnológicos, temos um dilema. As tecnologias estão evoluindo a um ritmo vertiginoso, enquanto a adaptação humana não está acompanhando essa mesma velocidade. A evolução humana tem seus próprios ritmos, e, no momento, parece que estamos correndo para alcançar a tecnologia.

A grande questão é que, enquanto a tecnologia se consolida como uma ferramenta indispensável, o verdadeiro desafio do futuro parece estar centrado nas pessoas, e não necessariamente nos processos ou nas máquinas em si. Aqui, nos deparamos com a inevitável questão do mindset. A tecnologia, por mais avançada que seja, é apenas uma ferramenta. Somos nós, seres humanos, que precisamos desenvolver a mentalidade certa para utilizá-la de maneira eficaz e responsável.

O primeiro obstáculo a ser superado é o bloqueio mental em relação à tecnologia. Ao falarmos da construção de um mindset positivo e colaborativo, enfatizamos a necessidade de reconhecimento da tecnologia como nossa aliada. Os treinamentos são o ponto de partida. A ideia é nivelar todos em uma mesma compreensão e, sobretudo, dissipar medos e receios em relação à tecnologia. Ela é nossa ferramenta, nosso suporte.

Nosso segundo pilar é o entendimento e a colaboração humana. Precisamos trabalhar juntos, com empatia, liderança positiva e um olhar crítico. A criatividade é a nossa melhor amiga. E lembrem-se: a inovação não pertence a um departamento específico, ela é responsabilidade de todos. Cada gesto, cada ideia nova, por menor que seja, pode ser uma inovação que, de alguma forma, beneficie a empresa.

Já discutimos anteriormente a importância de um planejamento estratégico robusto e uma visão alinhada com o futuro. Para seguir na mesma direção, todos devem compartilhar essa visão. Assim chegamos ao nosso terceiro e crucial pilar: adaptabilidade.

A indústria farmacêutica, por exemplo, está amplamente estudando aplicações da Inteligência Artificial em seu ramo, apesar de ambos parecerem conceitos distantes. Essas empresas entendem que o mercado está em constante mudança e estão prontas para adaptar-se rapidamente. E aqui, amigos, reside o nosso desafio. Precisamos identificar e entender as variáveis, tanto internas quanto externas, que impactam nossa empresa. Embora esse pensamento pareça um resgate de abordagens do passado, como a antiga Matriz SWOT e outros conceitos que estão aí desde que o mundo é mundo, precisamos dessa base para sustentar as inovações de hoje.

O gestor do século XXII deve ser habilidoso, pronto para entender essas variáveis e adaptar estratégias de acordo com as mudanças do mercado e das necessidades do cliente. Quando falamos sobre progresso, estamos realmente discutindo a capacidade de manter a mente aberta e flexível. Esta é a essência do aprendizado e da experimentação.

Metaverso, realidade assistida, realidade aumentada, realidade mista, realidade virtual... O mundo está repleto de novas realidades e ferramentas, mas compreendê-las requer algo muito mais profundo do que mero conhecimento técnico. Exige abertura para experimentar e viver novas experiências.

Inovação não se trata de contratar inúmeras consultorias. Não é sobre desperdiçar recursos. Estar preparado para inovar é estar pronto para testar. Pergunte-se: qual é o seu foco principal? Onde sua empresa pode obter o maior impacto? E quais ferramentas podem ajudar nesse processo?

Imagine ir a um restaurante Michelin, em que são servidos múltiplos pratos em porções diminutas. Você não está lá para saciar a fome, mas para experimentar. Para apreciar cada combinação meticulosamente pensada por um chef criativo. A inovação é semelhante: é sobre testar, aprender e adaptar.

E tudo isso só é possível com um mindset aberto e colaborativo. Se não abraçarmos essa mentalidade, tudo que discutimos até agora se torna obsoleto. Em empresas sem hierarquias claras, em que cada um é responsável por seu próprio sucesso, é fundamental que todos compartilhem dessa mesma forma de pensar.

Como diversos pensadores pontuam, cada indivíduo tem sua cultura, formação e visão de mundo. Uma mente aberta facilita a interação entre essas diferentes perspectivas. E eu defendo, como já citado anteriormente, que, em qualquer inovação, precisamos de um "cético". Alguém que nos desafie, que nos traga de volta à realidade, que nos force a pensar. Essa pessoa é essencial, pois nos desafia a refinar e a fortalecer nossas ideias.

No cenário atual do mercado tecnológico, a IA generativa tem sido alvo de grande discussão e relevância. Por mais que essa onda de entusiasmo em torno da IA possa parecer recente, devemos nos lembrar de uma realidade intrínseca ao mercado desde sempre: não existe benevolência inerente às intenções corporativas. O objetivo primário das empresas é gerar lucro, e as decisões tomadas geralmente orbitam essa meta.

Com o cenário empresarial em constante evolução, muitos profissionais migram de consultorias renomadas para empreendimentos menores, apostando na conquista de grandes clientes, apenas pelo

GESTÃO NO SÉCULO XXII

mérito de terem fundado uma nova empresa. Mas a verdade é que o mercado está saturado, e as empresas maiores estabelecem uma dominância palpável. Embora haja espaço para startups e consultorias de menor porte, a competição é acirrada e, apesar de o relacionamento com grandes corporações ser uma vantagem interessante, essa realidade é mais desafiadora do que parece.

Por isso, a preparação é uma questão de vida ou morte. Se alguém aspira ser proprietário ou sócio de uma empresa nesse contexto volátil, é essencial desenvolver uma gama de habilidades: desde proficiência tecnológica até competências interpessoais, como gestão de pessoas e empatia.

Um equívoco comum é considerar a IA como uma inovação emergente. Mas a verdade é que já a utilizamos há anos em ferramentas como Waze e Google Maps. O que está em jogo aqui não é a novidade da tecnologia, mas sim a direção do marketing. Uma hora, o foco pode ser o Metaverso, e em outra, uma simples panela de vidro. A mídia e o marketing têm o poder de moldar as percepções e direcionar a atenção do público, independentemente da real inovação envolvida.

Tendo isso em vista, nos deparamos com uma questão complexa: a IA é um ativo valioso para uma empresa inovadora ou, inversamente, um risco à imagem corporativa? Com a conectividade global, a IA adquire vieses a partir de vastas fontes de dados não verificadas, o que evidencia a crescente importância da análise de dados e da perspectiva analítica no uso de IA. Utilizada corretamente, a IA otimiza operações e proporciona insights valiosos; por sua vez, sem supervisão e critério, perpetua vieses e pode causar danos à reputação. Por isso, ao integrar a IA nos negócios, é preciso abordá-la com discernimento e uma compreensão profunda de suas capacidades e limitações.

No contexto atual da tecnologia, a produção e a acumulação de dados atingiram marcos impressionantes. Nos últimos cinco anos, geramos quase cinco bilhões de informações, mas isso é necessariamente bom? De que adianta tanta informação, se uma realidade preocupante emerge desse oceano de dados: conseguimos analisar apenas 0,5% deles. Essa lacuna representa um vasto território de insights não explorados, deixando muitos questionando se a tecnologia avançou além da capacidade humana de interpretá-la.

Apesar da aceleração tecnológica, o progresso humano parece descompassado. As ferramentas que agora temos à disposição, como a própria IA, são promissoras, mas a sua eficácia e uso ético dependem do toque humano. Afinal, por trás de cada sistema de IA padrão, há um humano curador que o treina. É a fase generativa de uma IA — quando ela começa a "aprender" de forma autônoma — que traz excitação e, ao mesmo tempo, desafios.

Independentemente de tudo, o alicerce da IA foi estabelecido por humanos, fazendo com que a responsabilidade última recaia sobre nós.

Conectar uma IA à internet fornece ferramentas poderosas às empresas, com capacidades que vão desde pedidos simples, como transporte ou alimentação, até tarefas mais complexas, como análise jurídica. Mas esse avanço tecnológico ainda exige uma supervisão humana, e os responsáveis por essa supervisão serão aqueles preparados e adaptáveis, com mentalidade aberta e familiarizados com as novas tecnologias.

Recentemente, em uma conversa com uma colega, debatemos sobre a evolução da integração tecnológica nas empresas. Muitas ainda são rudimentares em suas operações, usando métodos antiquados, enquanto outras já estão na vanguarda tecnológica. Uma tendência observada em grandes empresas é a criação de núcleos internos para acolher e desenvolver startups, um movimento estratégico para incorporar inovações sem a necessidade de aquisições externas.

Precisamos estar atentos aos movimentos de mercado, pois algumas corporações poderão, eventualmente, exercer controle ou impor custos, uma vez que as empresas dependentes têm suas operações atreladas a essas ferramentas. Assim, é essencial que as

GESTÃO NO SÉCULO XXII

organizações e os indivíduos permaneçam vigilantes. A velocidade da inovação é inegável, mas é fundamental estar ciente das variáveis externas e das intenções subjacentes das grandes corporações, garantindo que as decisões tomadas hoje não se transformem em armadilhas amanhã.

O futuro exige não apenas adaptabilidade, mas também discernimento e prudência.

O profissional do futuro é aquele que não só se adapta às novas ferramentas e tecnologias, mas também entende as motivações subjacentes e está preparado para navegar com sabedoria nesse cenário em constante mudança.

Durante processos de seleção, é essencial avaliar a abertura do candidato à inovação, sua familiaridade com as ferramentas atuais e sua capacidade de discernimento, mas devemos reconhecer a diversidade de mindsets que existem no mercado de trabalho. Há aqueles que são orientados por processos, cumprindo suas tarefas diárias com precisão, sem o desejo de ir além. Essa abordagem tem seu valor em certos contextos e será sempre uma constante no universo corporativo. Por sua vez, há aqueles que estão à vanguarda, ávidos por inovação e prontos para abraçar novas ferramentas, visando à eficiência, à agilidade e ao crescimento.

Cada indivíduo tem um papel no nosso ecossistema profissional. Algumas pessoas são naturalmente criativas, outras são orientadas a processos e algumas buscam constantemente inovação. E todas têm valor. Porém, com a tecnologia avançando a passos largos, é preciso que todos, independentemente de sua inclinação natural, estejam conscientes das ferramentas que estão utilizando e das implicações que elas podem ter.

Finalmente, enquanto caminhamos para o futuro, a interseção de tecnologia, ética e intenção será o campo de batalha em que as decisões de hoje moldam o mundo de amanhã. Este é o desafio e a responsabilidade de nossa geração: garantir que avancemos com discernimento, integridade e um olhar crítico sempre atento.

REFERÊNCIAS

McCarthy, E. J. (1960). *Basic marketing*: A managerial approach. R.D. Irwin.

Bessant, J. (2015). *Gestão da inovação*. Bookman.

Laloux, F. (2017). *Reinventando as organizações*. Editora Voo.

Rinne, A. (2017). *What exactly is the sharing economy?* [Fórum Econômico Mundial].

Andreatta, B. (2022). *Programado para resistir*. DVS Editora.